Inhalt

Tobin-Steuer

Kernthesen

Beitrag

Fallbeispiele

Weiterführende Literatur

Impressum

Tobin-Steuer

I.Zeilhofer-Ficker

Kernthesen

- Schon seit vielen Jahren ist die Erhebung einer Devisentransaktionssteuer zur Stabilisierung von Wechselkursen und der Prävention von Finanzkrisen in der Diskussion.
- Neu belebt wurde die Diskussion im Januar 2003, als Venezuelas Präsident Chavez die Einführung einer Tobin-Steuer in seinem Land ankündigte.
- Eine globale Tobin-Steuer soll Sand ins Getriebe internationaler Währungsspekulationen streuen und die daraus resultierenden Einnahmen könnten für Entwicklungshilfe in den ärmeren Ländern der Welt verwendet werden.
- Unter den Finanz- und Wirtschaftsexperten

ist der Nutzen und die Durchführbarkeit einer Tobin-Steuer allerdings heftig umstritten.

Beitrag

Fast ein Jahr lang war es sehr ruhig geworden um die Tobin-Steuer, bis Venezuelas Präsident Hugo Chávez im Januar 2003 anlässlich des Weltsozialforums in Porto Alegre die baldige Einführung einer Steuer auf spekulative Finanztransaktionen für sein Land ankündigte. Venezuela wäre damit das erste Land der Welt, in dem die Tobin-Steuer Realität wird. [1], [2]

Historie

Schon 1972 nach dem Zusammenbruch des Bretton-Woods-Währungsabkommens schlug der amerikanische Wirtschaftsprofessor James Tobin die Einführung einer globalen Besteuerung von Devisentransaktionen vor, um das internationale Währungsgefüge stabiler zu gestalten. [3] James Tobin, der im März 2002 im Alter von 84 Jahren verstarb, erhielt 1981 für seine Arbeit über die gegenseitige Abhängigkeit von Finanzmärkten und Entscheidungen über Ausgaben, Beschäftigung,

Produktion und Preise den Nobelpreis. (5)

Die von ihm vorgeschlagene Steuer wurde zwar nicht eingeführt, findet aber seit einigen Jahren eine wachsende Zahl von Anhängern. Vor allem seit der Gründung von Attac im Jahr 1998, die die Tobin-Steuer als Ziel sogar in ihrem Namen - Association pour la Taxe Tobin pour laide aux citoyens- verankert hat, wird das Pro und Kontra einer Besteuerung von Finanztransaktionen immer wieder heftig diskutiert. (4)

Zielsetzung der Tobin-Steuer

Tagtäglich wechseln Devisen im Wert von 1500 Milliarden Dollar den Besitzer, sei es als Bezahlung für gelieferte Waren, als Kreditzinsen oder aber, begünstigt durch die heutigen technischen Möglichkeiten von sekundenschnellem Geldtransfer, als Spekulationsgeschäft, um Wechselkursvorteile abzuschöpfen.

Vor allem die spekulativen Devisentransaktionen können einen verheerenden Effekt auf die Wechselkurse eines Landes haben. Eine Nation kann dadurch in eine massive Wirtschaftskrise geraten.

Erstes Ziel der Besteuerung von Währungstransaktionen ist "Sand ins Getriebe" von kurzfristigen, spekulativen Devisengeschäften zu streuen und damit das Wechselkursgefüge zu stabilisieren. Vor allem die Wechselkurse von Schwellen- und Transformationsländern könnten davon profitieren und Finanzkrisen im Ansatz erstickt werden. (6)

Als zweites Ziel wird die Erhöhung von Geldmitteln für die globale Entwicklungshilfe genannt. Die Steuererträge der Tobin-Tax sollen ausschließlich in ärmere Länder als Ausgleich für die wachsende soziale Ungleichheit in der Welt fließen. Die weltweite Entwicklungshilfe ließe sich dadurch immens erhöhen und die Armut könnte wesentlich gelindert werden.

Was spricht für, was gegen die Tobin-Steuer

Pro

Befürworter der Tobin-Steuer versprechen sich davon

mehr Kontrolle des internationalen Finanzverkehrs. Der angestrebte Steuersatz in Höhe von weit unter einem Prozent sollte die Devisentransaktionen aus Handelsgeschäften kaum belasten, aber die spekulativen Währungsgeschäfte verlangsamen und dadurch uninteressanter machen. Währungskrisen durch Schaffung eines künstlich hohen Wechselkurses, der nicht mit den wirtschaftlichen Gegebenheiten eines Landes korrespondiert, sollen dadurch bereits im Ansatz vermieden werden. (7)

Als weiterer großer Vorteil einer Devisentransaktionssteuer wird angeführt, dass mit einem relativ geringen Steuersatz die notwendigen finanziellen Mittel aufgebracht werden könnten, den globalen Herausforderungen wie Armut in den Entwicklungsländern, Bekämpfung von Aids oder notwendigen Klimaschutzmaßnahmen zu begegnen. Das wäre ein großer Schritt zu einer verbesserten Realisierung von globaler, sozialer Gerechtigkeit. (7)

Kontra

Die Gegner der Devisenbesteuerung sind der Ansicht, dass das Konzept nur dann wirksam sein kann, wenn es in allen Ländern der Welt implementiert würde. Ansonsten könnten die Spekulanten mit ihren

Transaktionen in Länder ausweichen, die keine Besteuerung durchführen. An einen weltweiten Konsens für die Steuer ist aber momentan nicht zu denken. (6)

Außerdem moniert man fehlende Konzepte, wie die Steuern eingezogen und verteilt werden sollten. Man befürchtet einen regelrechten Verteilungskampf der Einnahmen sowie, bei lokaler Erhebung, den Missbrauch der erhobenen Gelder im entsprechenden Land.

Schließlich geht man davon aus, dass die Devisenumsatzsteuer die generellen Transaktionskosten des internationalen Handels verteuern würde und so kaum die Spekulanten, umso mehr aber die Teilnehmer an normalen Handelsgeschäften treffen würde. (8)

Teilweise wird auch die Meinung vertreten, dass die Marktkräfte allein die Lösung der weltweiten Probleme mit den Kapitalmärkten bringen werden und jeder Eingriff und jede Kontrolle mehr Schwierigkeiten schaffen denn lösen wird. (9)

Fallbeispiele

Die Spahn-Studie

Da die Probleme der Globalisierung weitgehend erkannt sind und durch NROs wie "Attac" lautstark angeprangert werden, gab das Bundesentwicklungsministerium 2001 eine wissenschaftliche Studie in Auftrag, die untersuchen sollte, ob und wie eine Tobin-Steuer überhaupt machbar wäre. (7)

Das Ergebnis dieser Studie war überraschend positiv. Zwar wurde unzweideutig festgestellt, dass ein Land im Alleingang kein positives Ergebnis erzielen kann, die Besteuerung aber Wirkung zeigen könnte, wenn sich eine "Zeitzone" - beispielsweise die Europäische Union mit den Finanzplätzen London und Zürich - darauf einigte. (7), (10)

Die Studie weist den Weg zu einem Zwei-Säulen-Konzept, in dem die klassische Tobin-Steuer mit einer Spekulationsabgabe kombiniert wird. Die Devisenumsatzsteuer auf alle Währungsgeschäfte wird mit einem Satz von 0,01 Prozent sehr gering angesetzt und dient in erster Linie der Schaffung der technischen Voraussetzungen, um im Bedarfsfall die Spekulationsabgabe möglichst rasch in Gang setzen zu können. Würde die 0,01-prozentige Devisenumsatzsteuer in der EU implementiert, könnten sich die daraus resultierenden Einnahmen auf ca. 17 bis 20 Milliarden Euro summieren. (7), (10)

Das Konzept der zweiten Säule, der Spekulationsabgabe, könnte von Schwellen- oder Entwicklungsländern genutzt werden. Deren Funktionsweise würde ähnlich dem früher praktiziertem Europäischen Währungssystems (EWS) mit Zielgrößen für die beteiligten Währungen arbeiten. Werden die Zielgrößen, also gleitende, anpassungsfähige Durchschnittswerte von täglichen Mittelkursen im Vergleich zum Euro, über- oder unterschritten, kann die Erhebung der Spekulationsabgabe ausgelöst werden. (7), (10)

Die Studie führt den Nachweis, dass das Instrument der Devisentransaktionssteuer generell machbar ist. Auch ein nennenswertes Ausweichen auf andere Finanzplätze wird ausgeschlossen, sofern eine ganze Zeitzone die Besteuerung durchführt. Ebenso sind die technischen Voraussetzungen für die Erfassung der Transaktionen bereits vorhanden und könnten für die Steuererhebung genutzt werden. (7), (10)

Unterstützung aus dem Bundestag

Besonders die bundesdeutsche Entwicklungsministerin, Heidemarie Wieczorek-Zeul, ist eine unermüdliche Befürworterin der Tobin-Steuer. Anlässlich der UN-Konferenz zur globalen Verringerung der Armut im März 2002 in Monterrey, präsentierte sie die positiven Ergebnisse der Spahn-Studie einem breiten Publikum und versuchte so, weitere hochrangige Staats- und Regierungsabgeordnete als Mitstreiter dafür zu gewinnen.

Die Enquete-Kommission des Bundestages für Globalisierungsfragen steht hinter der Forderung einer weltweiten Besteuerung aller Devisenumsätze und auch im Bundestagsfinanzausschuss finden sich einige Befürworter der Tobin-Tax. Seit Herbst 2002 gibt es deshalb die Forderung an den Bundesfinanzminister, die Steuer im Rat der europäischen Finanzminister zum Thema zu machen. Auch in Frankreich und Finnland gibt es entsprechende Parlamentsbeschlüsse. (12)

Weiterführende Literatur

(1) Dilger, Gerhard, Protest und Polemik, Zum Schluss

schlägt in Porto Alegre die Stunde der Promis - Venezuelas Präsident Chávez verspricht die Tobin-Steuer, taz, 29.01.2003, S. 3
aus FTD Financial Times Deutschland vom 24.01.2003, Seite 19

(2) Venezuela erwägt Steuer gegen Kapitalflucht
aus Frankfurter Allgemeine Zeitung, 28.01.2003, Nr. 23, S. 12

(3) Wagner, Hans Christof, Angriff auf das Akademische, Süddeutsche Zeitung, 14.01.2003, Ausgabe Deutschland, S. 18
aus Frankfurter Allgemeine Zeitung, 28.01.2003, Nr. 23, S. 12

(4) Rühle, Alex, Ein Manifesttag - Vor fünf Jahren wurde "Attac" herbeigeschrieben, Süddeutsche Zeitung, Ausgabe Deutschland, S. 15
aus Frankfurter Allgemeine Zeitung, 28.01.2003, Nr. 23, S. 12

(5) James Tobin Erfinder der Spekulationssteuer ist tot
aus Frankfurter Rundschau v. 13.03.2002, S.10

(6) Bauchmüller, Michael, Das Zitat - Wir wollen in Venezuela eine Art Tobin-Steuer einführen, Süddeutsche Zeitung, 28.01.2003, Ausgabe Deutschland, S. 24
aus Frankfurter Rundschau v. 13.03.2002, S.10

(7) Eine moderne Tobin-Tax gegen Spekulation Ist eine Devisentransaktions-Steuer machbar? Fazit einer Ökonomie-Studie und einer Stellungnahme des Bundesentwicklungsministeriums
aus Frankfurter Rundschau v. 22.02.2002, S.14

(8) Wie viel Globalisierung verträgt die Welt?
aus ifo Schnelldienst, Heft 24/2002, S. 3-16

(9) "Dieser Optimismus ist verflogen" - GA Interview, Bonner General-Anzeiger, 22.01.2003, S. 3
aus ifo Schnelldienst, Heft 24/2002, S. 3-16

(10) http://www.wiwi.uni-frankfurt.de/professoren/spahn/tobintax - Devisentransaktionssteuer
aus ifo Schnelldienst, Heft 24/2002, S. 3-16

(11) Dilger Gerhard / Koufen Katharina, Offene und geschlossene kreise aus Porto Alegre, Gerhard Dilger, taz, 23.01.2003, S. 4
aus ifo Schnelldienst, Heft 24/2002, S. 3-16

(12) Die Katze aus dem Sack
aus Frankfurter Allgemeine Zeitung, 07.12.2002, Nr. 285, S. 20

Impressum

Tobin-Steuer

Bibliografische Information der deutschen Nationalbibliothek

Die Deutsche Nationalbibliothek verzeichnet diese Publikation in der deutschen Nationalbibliografie; detaillierte bibliografische Daten sind im Internet über http://dnb.d-nb.de abrufbar.

ISBN: 978-3-7379-1169-6

© 2015 GBI-Genios Deutsche Wirtschaftsdatenbank GmbH, Freischützstraße 96, 81927 München, www.genios.de

Alle Rechte vorbehalten. Dieses Werk ist einschließlich aller seiner Teile – z.B. Texte, Tabellen und Grafiken - urheberrechtlich geschützt. Jede Verwertung außerhalb der Grenzen des Urheberrechtsgesetzes bedarf der vorherigen Zustimmung des Verlags. Dies gilt insbesondere auch für auszugsweise Nachdrucke, fotomechanische Vervielfältigungen (Fotokopie/Mikroskopie), Übersetzungen, Auswertungen durch Datenbanken oder ähnliche Einrichtungen und die Einspeicherung und Verarbeitung in elektronischen Systemen.